노아의 방주

로스 앤젤레스, 1975년 8월
지금 농담하시는 겁니까?
모스크바
우린 절대 농담하는 것이 아니오! 크레믈린에서 지시가 있으면 당신은 그것을 수행해야 합니다! 알겠습니까?
알겠습니다, 동무!
그럼, 지금 우리가 요청하는 것을 잘 듣고 오늘밤 항공우편으로 보내 주시오! 질문있소?
없습니다, 동무!
음... 여기 비슷한 것이 있군... 시간이 얼마 없어.
GOSPEL BOOKSTORE
JESUS
온몸이 정지되는 것같아... 제발 보는 사람이 아무도 없기를!

혹시 이 책들이 있습니까?
네, 손님. 안내해 드리지요.
찾으시는 책들이 아주 흥미로운 책들이군요.
NOAH'S ARK: FACT OR FABLE?
SEARCH FOR NOAH'S ARK
Adventure on Ararat
The Quest for Noah's Ark
무게가 12파운드니, 항공우편으로 러시아는 40달러 입니다.
매우 싸군요.
스파이가 아닌지 의심이 가는군.
소르코프 대령님, 책들이 도착했습니다.
좋아, 오늘밤 회의를 소집하지!
오늘밤 이곳에서 보고 들은 것은 절대 비밀이요!
듣기만 하고 어떠한 말대꾸도 하지 마시오!

크레믈린... 오전 2:30
"깊음의 샘들과 하늘의 창들도 닫히고, 하늘에서 내리던 비도 그치니 물이 계속해서 땅에서 물러가고
일백오십 일이 지난 후에는 물이 줄어들어서 칠월, 곧 그 달 십칠일에 방주는 아라랏 산지 위에 멈췄더라." 창세기 8:2-4
잠깐!... 저 사람 지금 성경을 읽고 있는 거 아닌가?... 미쳐 가고 있구만!

여러분이 방금 들은 것은 성경의 한 부분인 "노아의 방주" 이야기입니다. 질문은 나중에 받죠.
여러분은 이것이 꾸며낸 이야기라고 말해왔을 것입니다.
그런데 최근 러시아 공군 조종사가 찍은 오래된 사진들이 입수되었습니다.
영사기를 켜 보게.
이곳은 아라랏 산입니다. 1945년 여름 튀니지에서 아르메니아로 비행하는 도중이었죠.
6100m 상공에서 그는 이 사진을 찍었습니다.
이 물체에 주목해 주십시오.
일급 비밀
철저한 연구 후, 모든 가능성을 살펴본 결과, 유감스럽게도 저는 이것이 노아의 방주라고 말씀드립니다.

작년, 미국의 인공위성도 아라랏 산에서 방주와 똑같은 모양과 크기의 물체를 찍었습니다.*
여기, 그 문제의 심각성을 설명해 드리지요.
* 유타 주, 솔트 레이크 시... 74년 2월 22일, UP 국제통신이 원로우주조합 위원회 회장, 프랭크 모스 상원 의원의 말을 인용하였음.
장관급 간부회에서 오신 K.G.B. 서열 제5위, 니콜라스 사비치를 소개합니다.
사비치 동무는 종교분과 위원회의 제2서기이시며...
우리의 충실한 K.G.B.* 요원인 메트로폴리탄 니코딤**을 세계교회협의회(WCC) 의장으로 선출되도록 힘쓰고 있는 분입니다.
* "소비에트 연방의 모든 사제들은 비밀 경찰 요원이다." - Peter Deriabin(전직 공산당 요원)이 1961년 7월 20일 오하이오 주 엘리리아에서 보낸 전보 기록
** 메트로폴리탄 니코딤은 1975년 12월 6일 세계교회협의회(WCC)의 의장이 되었다. - L.A. 타임즈 1975. 12. 7
사비치 동무, 질문 있습니다. 세계교회협의회에서는 노아의 방주에 대해 어떻게 생각하고 있습니까?
그들은 방주 이야기를 신화라고 생각합니다.
하!
하!
하!
하!
하!

1920년대에 저희는 성공적으로 미국의 여러 신학교들에 침투했습니다.
그리고 1970년대인 지금은 75%의 성직자들이 노아의 방주의 역사성을 부인하게 되었죠.
결국 대부분의 교인들도 그것을 꾸며낸 이야기 정도로만 믿고 있습니다.
미국 학교들의 대부분 교수들과 교사들은 진화론을 믿고 가르치며, 성경을 비웃습니다...
우리는 이 사람들을 이용하여 젊은이들의 믿음을 파괴시켜왔습니다.
더욱이 미국의 출판물이나 TV, 영상매체들은 우리에게 엄청나게 많은 도움을 주고 있습니다.
그러므로... 만일 어떤 과학 단체가 방주의 사진을 찍으려 한다거나 그 실체를 알아내려 한다면, 그리고 그것이 세계의 관심을 받게 된다면 어떻게 되겠습니까?
그것은 공산주의에게 재앙이 될 것입니다.
세계의 모든 공산주의 국가들은 성경을 금지시켜왔습니다. 만일 방주에 관한 소식을 우리 동무들이 알게 된다면... 그들은 우리를 공공연히 비난할 것입니다.
또한 성경에 대한 관심이 새롭게 일어날 것입니다... 하나님께 맹세코, 결코 그리 되어서는 안되지요.
하나님이라니! 말 조심하시오, 동무!

"물이 땅 위에 심히 널리 퍼지니 온 하늘 아래 모든 높은 산들이 잠기더라. 물이 십오 큐빗 높이로 오른지라, 산들이 잠겼고" (물이 산 꼭대기보다 7m 높게 올랐을 것으로 추정됨)
창세기 7:19-20

터키, 앙카라... 군사 정보 기지 본부
소르코프가 긴급한 일로 이곳에 오고 있다 하셨습니까?
그는 자네와 자네 부원을 만나기 원하고 있네. 어찌된 일인지 빠른 시일 내에 알아보게.
네, 알겠습니다.
어떻게 그들에게 압력을 넣어야 할까요, 동무?
미국이 터키에 무기 판매를 중단했으니, 그들은 우리의 도움이 필요할 것이오. 제가 일을 성사시키고 오지요.
케멀 장군님, 어째서 미국의 C.I.A. 요원들이 저희 소련 미사일 기지를 촬영하도록 허락하셨습니까?
뭐라고요?
이해가 안 가는군요. 무슨... C.I.A. 요원이라구요?
그들은 지금 이 시간에도 아라랏 산에서 바쁘게 스파이 활동을 하고 있습니다!
아니... 아니요! 사실이 아니오, 소르코프 대령! 그건 기독교 과학자들의 탐사일 뿐이오!
아닙니다! 그들이 당신까지 속였군요... 우리는 그들이 임무수행을 위해 워싱턴에서 터키로 파견되었다는 증거를 입수하였소!
소비에트 연방에서는 터키의 군대가 신속하게 그들을 잡아들일 것을 요청하고 있소!

케멀 장군님, 소비에트 연방과 터키의 관계가 악화되는 것이 아닌가 염려되는군요.
소르코프 대령, 당신 의사에 반대하는 것은 아니지만... 전화 한 통만 하지요... 실례하오.
소르코프가 아라랏 산에 있는 미국인들을 추방하라고 압력을 넣고 있습니다. 어떻게 할까요?
그의 지시를 따르도록 하게... 미국이 수십억 달러를 제공하면서 비밀리에 터키를 이용하려 하는 것은 사실일세...
그 러시아 녀석에게 친근하게 대하여 주게나... 그리고 그가 원하는 것은 되도록이면 다 들어 수도록 하게.
헬기 5대를 준비시켜... 군 부대와 터키 경찰들을 우리와 합류하게 하고!...
빨리 빨리 움직이도록!
우리에게 동참해 주시니 기쁩니다, 케멀 장군님.
알겠습니다!
소르코프 대령, 우리는 당신이 지시한 사항을 존중할 것이오.

밖으로 이동시켜!
도시 전체가 자동차를 타고
이동하는 건가?
차라리 걷는 게 낫겠군.
뭐야? 이건 마치 터키 군대
전체가 움직이는 것 같군.
그들의 기지는 아호라에 있어요.
거기까지 2시간 이내로 갈 수 있을 것이오.
케멀 장군님의 환대, 잊지 않겠
습니다... 장군님은 믿을 수 있는
분이군요.

아라랏 산 4,260m
저기 아래 뭔가가 있는 것 같은데?
어디요?
오, 이런, 가 버렸어!... 눈도 내리기 시작하고...
저 바위 아래 잠깐 있도록 하지. 곧 눈보라로 바뀔 것 같으니 말이야.
웬 바람이 이렇게 센지... 시속 100km는 되는 것 같군요.
이제 눈이 좀 멈췄으면 좋겠습니다. 벌써 며칠이 날아가 버렸어요.
어어... 장비가 떨어져 버렸어.
이봐! 장비를 찾을 수 없어! 바닥이 보이질 않아!
저기 금이 간 것같네. 존, 여기서 빨리 벗어나야 해!
시간을 딱 맞추어 피했군... 주님 감사합니다!
아멘!
우르르르르쾅..

베이스 캠프
움직이지 마라! 널 체포한다!
왜 그러십니까?
대체 무슨 일입니까? 우리는 허가받고 탐사하는 겁니다!
나머지 스파이들은 어디 있나?
스파이라뇨? 이보시오, 우리는 방주를 찾고 있는 것입니다.
입 닥치고, 소르코프 대령에게 나머지 대원들이 어디 있는지 말해!
협곡의 어딘가에 있겠지요... 아마 3,650m 정도에...
그들은 제2구역에서 밤을 보낼 것입니다.
소르코프 대령, 이 헬기로 이동합시다.
제2구역까지 우리를 안내하라.

다시 앙카라
아... 저기! 저 가게로군... 이거 괜한 시간 낭비가 되지 않았으면 좋겠는데...
FILM
안녕하세요? 여기 고감도 렌즈가 있나요?
흐음...
아, 있지요. 어제 들어 왔습니다.
세르비 박사님은 어디 있죠?
아라랏 산 3,050m 정도에 계실 겁니다... 와, 이 물건 정말 좋네요! 이걸로 주세요.
안녕히 계십시오.
잘 가요.
재수 없어!
저 미친 미국인들이 왜 그토록 방주를 찾으려는지 아세요? 목숨을 걸면서까지요?
글쎄다.
디즈니랜드로 가져가려는 것이에요!

세르비 박사님! 저기 헬기
좀 보세요!
왜 갑자기 나타난 거지? 우리에게
볼일이라도 있나?
찾았다! 저기 왼편에 있어!... 확성기를 사용해
야겠군.
안 돼요, 소르코프 대령님. 큰 소리는
눈사태를 일으킵니다.
그 정도는 나도 알아!
너희들을
당장
체포하겠다!
이런! 저 위를 봐...
눈사태다!

이 살인자... 대령님이 저들을 죽게 했어요!
입닥쳐! 이건 사고일 뿐이야!
군대를 보내 생존자를 찾도록 해요!
으아아아아!
우르르르르릉!

상황을 봐서 적당히 구조 명령을 거두시죠. 생존자가 없는 것 같습니다.
안 됩니다. 구조 작업을 계속 해야 합니다. 아직 생존자가 있을 겁니다.
그건 맞는 말이오... 계속해서 수색하도록 하라.
여기 두 명 찾았습니다... 둘 다 살아 있습니다!
여기 또 한 명 있습니다.
여기도 있습니다... 무사합니다... 오, 주님 감사합니다... 세르비 박사님이에요.
이 상황 속에서 살아남다니 정말 놀랍군.
당신은 매우 운이 좋소.
소르코프 대령님, 운과는 아무 상관없습니다. 삶과 죽음을 주관하시는 분은 우리 주 예수님이십니다.
우리가 아직 돌아갈 때가 안 되었을 뿐이지요. 그분은 대령님의 생명도 주관하십니다.
아아, 듣기 싫소!
저들을 데리고 가라!

그래, 그래... 똑같은 장면이군... 꼭 전쟁이 끝나고 군인들이 돌아오는 것같아.
휴... 집보다 좋은 곳은 없다니까... 나머지 대원들은 아직도 산을 오르고 있겠지.
다들 어디 갔습니까?
모두 경찰에게 체포되었네.
뭐라구요?
모두 감옥에 있단 말일세.
어디 가는 건가?
전화 좀 해야겠어요.
으드르로 돌아갈께요. 안녕히 계십시오.
주님, 해리스 씨가 아직 사무실에 있기를 기도드립니다.
로스 앤젤레스 새벽 3시
긴 밤이었어... 이제 집에 가서 눈 좀 붙여야지.
따르릉!
누가 이 시간에 전화를 하는 걸까?

팀, 나 조지 해리스일세. 이렇게 잠을 깨워서 미안하네... 방금 짐 카터에게서 국제 전화가 왔네.
아라랏 산에 있는 탐사반이 체포되었다는군.
사무실로 좀 와 주겠나?
예, 당장 가죠.
해리스 씨, 제가 언제 터키로 떠날까요?
짐이 감옥에 가기 전까지는 가야겠지. 그러는 동안 방주에 대한 전문가를 데려오고, 터키에 소송을 걸겠네.
와 주셔서 감사합니다... 팀, 이분은 밥 헬튼 박사님이시네.
안녕하십니까, 팀.
만나게 되어 반갑습니다, 박사님.
박사님, 팀에게 방주가 부서진 경로와 그가 터키에 도착해서 해야 할 일을 알려 주십시오.
알겠습니다. 노아 시대부터 시작하도록 합시다.

모든 사람들이 악으로 깊이 빠져 들어 하나님을 슬프게 하였습니다.

그래서 하나님께서는 이 땅에 엄청난 대홍수를 내리셔서, 모든 육체를 없애 버리기로 결정하셨습니다.

그러나 노아는, 오직 노아만이 주의 눈에 은혜를 입은 사람입니다(창세기 6:8). 하나님께서는 노아와 그의 가족을 홍수로부터 구하셨습니다.

노아와 그의 아내, 그리고 그의 세 아들들과 그 아내들로 하여금 지상의 인류를 다시 시작하게 하셨습니다.

하나님께서는 노아에게 나무로 방주를 지으라 명하셨습니다.

그 배는 길이가 300큐빗, 너비가 50큐빗이고, 높이는 30큐빗으로... 그리고 3층으로 되어 있었습니다.

1큐빗은 약 45cm로서*, 팔꿈치에서 손가락 끝가지의 길이를 나타냅니다.

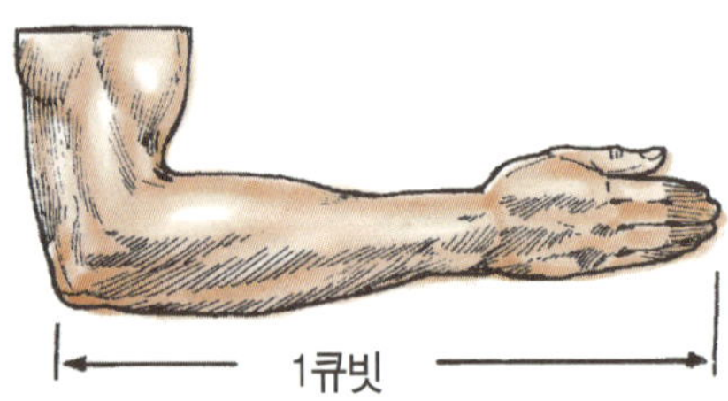

* 사람에 따라서는 1큐빗이 56cm까지도 됨

* 〈노아의 방주, 사실인가 우화인가〉 (Cummings) p.72

중간 치수로 한 큐빗을 잡으면, 방주의 길이는 대략 150m쯤 됩니다.

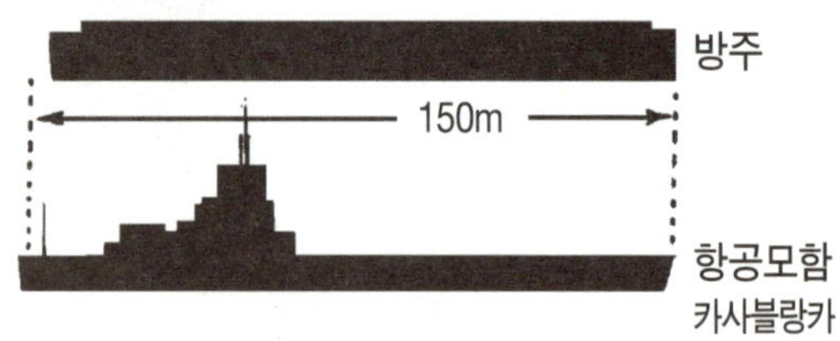

좀 쉽게 설명하면, 제2차 세계대전 때 사용된 항공모함 카사 블랑카 급입니다.

방주의 무게는 약 34,000톤 정도가 됩니다.

*방주에 들어간 동물들의 수만 해도 35,000마리 정도 되니까, 그 필요한 공간은 화물차로 146칸 정도가 됩니다.

곤충들도 1,700만 마리나 되니 21칸 정도는 필요하고... 따라서 모두 167칸 정도의 화물 열차가 필요하다고 말할 수 있습니다.

* 켈리 세그래이브즈 박사의 〈거대한 공룡의 착오, *The Great Dinosaur Mistake*〉 pp.15-16 (Beta Books, San Diego)

방주는 화물차 522칸을 충분히 수용할 수 있는 크기였습니다.

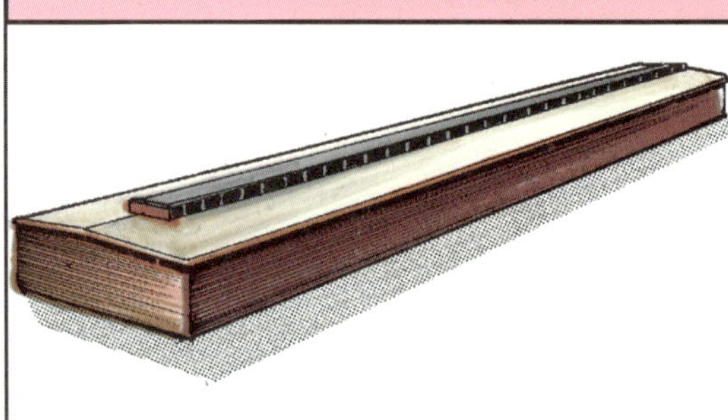

동물들을 채우고 남은 방들은 1년 동안 필요한 식량과 편의 시설로 채워졌죠.

헬튼 박사님, 홍수의 그 물은 모두 어디에서 온 것인가요?
아마 지구를 둘러싸고 있는 수증기의 형태로 많은 양의 물이 존재했을 것입니다. 이것이 식물을 자라게 하고 싱싱하게 했을 것입니다.
하나님께서는 그 수증기를 액체화시키셔서 지구에 비로 내리신 것입니다. 하지만 이 물의 가장 커다란 근원은 깊음의 샘들*이 터져 나온 것입니다... 거대한 화산이 폭발하듯이 물이 솟구쳐 오른 것이지요.
* 창세기 7:11
그 거대한 나무 배는 나이에 아랑곳않는 한 남자에 의해 서서히 건설되어 가고 있었습니다.
이 어리석은 늙은이야... 배는 도대체 왜 만드는 거야? 물이 어디 있다고 말이야?
하나님께서 비가 내릴 것이라 말씀하셨소.
이봐, 하나님은 없어!
하! 하! 하!
저 노인네 아주 미쳤구만.
사람들의 비웃음에도 불구하고 방주는 지어져 가고 있었습니다. 그는 하나님을 믿었으며, 비난하는 모든 소리에도 아랑곳하지 않았습니다. 노아는 몇 년간을 하나님의 심판이 있을 것이라고 경고하고 타일러도 보았지만... 아무도 듣지 않았습니다... 그들은 비웃기만 할 뿐이었습니다.
저 많은 음식들을 가지고 다 뭐하려고?
돼지가 되려는 게지!
하하하!

모든 동물들이 하나님께서 지시하신 대로 방주에 올라 탔습니다.
모두가 방주에 올라 탔을 때에, 하나님께서는 방주의 문을 닫으셨습니다.
이게 도대체 무슨 일이지?
비가 오잖아?
깊은 샘들도 밖으로 터져 나왔습니다.
모두 산으로 올라가 피합시다!
* 창세기 7:12
비는 땅 위에 40일 낮과 40일 밤을 내렸습니다.*
"마른 땅에 있는 모든 것 중에서 코로 생명의 호흡을 하던 모든 것은 죽었더라." 창세기 7:22

“지면에 있는 모든 생물이 멸망하였으니, 곧 사람과 가축과 기어다니는 것들과 하늘의 새들이라. 이들은 땅에서 멸절되었으나, 오직 노아와 그와 함께 방주에 있던 자들만이 살아남았더라.”
창세기 7:23
그후, 물은 땅에서 점차 사라지고, 방주는 아라랏 산지 위에 멈췄습니다.
만일 하나님께서 노아와 그의 가족들을 구하지 않으셨다면, 당신은 이 책을 읽을 수도 없었을 것입니다.
우리는 오늘날에도 그 방주가 그곳에 있다고 믿습니다.
이제 1916년에 있었던 기막힌 사건, 즉 방주를 발견한 일에 대해 얘기해 드리겠습니다.

다음 이야기는 <노아의 방주, 사실인가 우화인가>(V. Cummings 지음, Creation Research CTR)에 바탕을 두고 있습니다.

제14대대에서 온 150명의 기술자들과 전문가들이 2개 중대로 아라랏 산에 올랐습니다.
50명의 대원들은 늪지의 해충들과 위험한 독사들과 곤충들로 인해 길이 막혀... 그들은 방주를 볼 수는 있었지만 돌아가야만 했습니다.
하지만 100명의 대원들은 마침내 방주에 다다랐고... 그들은 경이로움으로 그 방주를 보았습니다.
그들은 사진을 찍고 측정을 했습니다. 전체적으로 뒷부분은 눈으로 덮여 있었지만, 방주의 크기가 150m 정도임을 확인할 수 있었습니다.
또한 그들은 방주 안에서 바닥부터 천장까지 동물의 우리나 새장처럼 되어 있는 방들을 발견했습니다.
믿을 수 없는 일이야!
공룡이 들어갈 만큼 엄청 큰 방도 있어!
그들은 검은 갈색의 물질이 안팎으로 칠해져 있는 것도 발견했습니다. 성경에는 방주의 방들이 역청으로 안팎이 칠해져 있다고 나와 있습니다.
창세기 6:14
방주의 존재에 대해서 과학적으로 검증된 문서들이 만들어졌고, 그 모든 것들은 이제 흰 리시아 군인에게 달려있었습니다. 그의 임무는 짜르에게 방주에 대해 보고하는 것이었습니다.
하지만 그가 모스크바에 도착했을 때, 도시는 혁명의 불길로 타오르고 있었습니다. 볼셰비키 혁명군이 장악해 버린 것입니다.
결국 그는 체포되었고, 그 서류들은 공산당 지도자, 레온 트로츠키의 손에 들어가게 되었습니다.
발사!
그는 총살당했고... 이 모든 진실은 감추어지게 되었습니다.

1955년, 페르난드 나바라라는 사람이 아라랏 산을 세 번째로 오르고 있었습니다. 그는 11살 난 아들과 함께 등반하고 있었는데, 그 소년은 얼음 속에 배 모양의 크고 검은 물체가 있다는 것을 보게됩니다.
좀더 깊이 파 보세요, 아빠!
나바라는 줄을 타고 내려가, 연장으로 눈을 파헤쳤습니다... 1955년 7월 6일 오전 7시, 그는 어떤 떨어져 나간 조각을 찾았습니다.
그는 그 목재 조각을 확인시켰는데...
확인 결과, 그 목재는 적어도 4,000년 전의 것으로 밝혀졌습니다.
실례합니다, 박사님. 팀, 짐 카터에게 연락이 왔네.
지금 감옥에 있다는구만. 자네는 내일 밤 터키, 앙카라로 떠나게.
그날 저녁
여기, 지도에 자네가 탈출할 경로가 표시되어 있네.
헬튼 박사님, 터키가 순순히 경계를 풀고 우리를 본 기지로 돌려보내 줄까요?
팀, 성경에서 국가들은 불안한 바다와 같다고 하셨습니다... 항상 변하는 것이지요.
PARK
$1.50
잊지 마세요. 제3차 세계대전이 있을 때 터키(토갈마*)는 러시아의 이스라엘 침략에 동참할 것입니다... 결국 그 두 나라는 영원히 함께할 사이입니다.
*〈모두 즐거워하라, 예수께서 곧 오신다, *Get All Exited! Jesus is Coming Soon!*〉 p.20 (Chas. R. 테일러 지음, Today in Bible Prophecy, Inc.)
전능하신 주님... 오직 주님만이 저희 형제들을 터키 감옥에서 풀려나게 하실 수 있습니다... 놀라운 역사를 행하소서, 주님!
그렇습니다, 아버지.

소르코프 대령... 우리가 죄수들을 모두 다 심문해 봤는데... 아무래도 한 명이 빠져 있는 것 같소.
그들을 체포했을 때, 나머지 한 명은 앙카라에 있었어요.
그게 누굽니까?
제임스 카터란 자요. 하지만 벌써 보안 요원들을 풀어 놓았소... 범인은 곧 잡힐 것이오!
터키에 오신 것을 환영합니다!... 저희 비행기는 20분 후에 앙카라에 도착하겠습니다.
안전 벨트를 매 주시고, 세관에 신고할 사항을 준비해 주십시오.
주님, 짐이 아래에서 기다리고 있기를 바랍니다!
제임스... 안 좋은 일이 있다는 걸 들었네.
그래, 아주 상황이 좋지 않아. 하지만 주님께서 우릴 이 상황에서 구해 주실 걸세.
팀, 우리 대원들이 붙잡혀 있는 감옥을 알려 줄게.
저기 있다. 잡아라!
감옥이 어디 있는지 너희들에게 내가 알려 주지!
너희들을 체포하겠다!

제임스, 이 감옥이 세르비 박사님 일행이 갇힌 곳인가?
아니야, 그들은 아라랏 산 근처에 있는 에르주름이란 마을에 감금되어 있어.
그날 밤... 앙카라의 어느 식당
내가 러시아 대사관에서 매우 중요한 사람이라고 했지?
그래요, 전에도 말했잖아요.
매우, 매우 중요하고 말고... 자, 다른 곳으로 가자!
내가 전에 올림픽에 참가할 뻔했다고 말한 적 있나?
아뇨, 세르게이.
난 원반 던지기 선수였어... 그런데 사고가 나 버린 거야... (딸꾹)... 그래서 갈 수 없었지!
난 정말 훌륭한 선수였어... 금메달도 딸 자신이 있었는데... 내가 이 병을 얼마나 멀리 던질 수 있나 보고 싶지 않아?
맘대로 하세요.
좋아, 던진다.
케멀 장군님... 소련공화국과 터키의 앞으로 영원한 우정을 위해 건배합시다!
그럽시다, 소르코프 대령. 건배!

에잇!
장군님의 빛나는 활약으로 C.I.A. 요원을 잡게 되었습니다.
대령이 없었다면 우린 그 일을 하지 못했을 거요.
와장창!
경비원, 길 건너 저 남자를 체포해!
예, 장군님!
워싱턴에서 온 제국주의자가 시위하는 거야. 저 녀석을 잡아 확실히 처리해서 다른 녀석들에게 본보기로 만들어 보여 주어야 한다!
장군님, 저분은 소련 대사관의 공무원입니다... 세르게이 말리크라고 하는데, 술에 취해 있습니다.
감옥에 24시간 동안 집어넣어! 그럼 술이 확 깨겠지.
그냥 수성뱅이였나 보오, 소르코프 대령.
그렇군요... 윗층으로 올라가서 축배나 마저 드시지요.

다음 날 아침
아이고, 내 머리야... 죽을 것 같네!
심한 숙취인 것 같군요. 이게 당신에게 도움이 될 겁니다.
으음... 고맙소... 여기가 어디요? 감옥인가?
예. 당신은 어제밤 만취되어 들어왔어요.
그들이 나에게 이럴 순 없어! 난 러시아 대사관에서 왔다구!
가만, 당신들은 미국인이 아니요?... 아, 그렇지... 아라랏 산에 있던 C.I.A. 요원들이군! 당신들에 대해 들었소.
아뇨, 잘못 들으셨습니다. 저희들은 노아의 방주를 찾다가 체포된 것입니다. 우리는 그리스도인이지요.
당신들에게 한마디만 해주지... 나는 10살 때 부모님을 배신하고 정부에 충성한 대가로 메달을 받았지!
그들은 너무 어리석게도 노아의 방주와 예수를 믿다가 그 대가를 지금까지 아주 톡톡히 치르고 있어!
하지만 방주는 산 위에 진짜 있어요. 당신의 정부도 그 사실을 알고 있죠!... 그래서 그들은 증거 문서를 전달하던 군인까지 사살해 버렸소.
거짓말! 방주 같은 건 존재할 수 없소! 만약 방주가 존재한다면... 내 부모님이 옳았다는 말인데!
사실입니다.
그것이 바로 소련이 우릴 잡아넣은 이유요. 그들은 방주가 알려지면 러시아인들이 바로 당신처럼 반응하리라는 것을 알았던 거죠.
무... 무슨 말을 해야 할지 모르겠소... 아, 머리가 아파... 만일 이것이 사실이라면... 내 부모님을 위해 내가 무엇을 해야 되겠소?
그리스도인이 되십시오.
어떻게 해야 하지요?

두 시간 후
자비로우신 주님, 지난날 어리석었던 저의 잘못들을 용서하여 주시옵소서. 그리고 주 예수님, 저의 마음에 오셔서 앞으로 저의 모든 생을 인도하여 주시기를 바랍니다!
이봐, 팀, 우린 새로운 형제를 얻은 것 같군!... 바로 러시아인을 말이야!
이제부터 제 말을 주의하여 들어 주십시오. 대사관에서 오늘 오후 8:30쯤 당신들을 태울 트럭을 준비해 놓을 것입니다!
그러면 우리가 당신의 동료들을 에르주름 감옥에서 이동 시킬 테니 국경으로 곧장 가십시오!
세르게이 말리크 씨, 가도 좋습니다!
저녁 8:30, 케멀 장군 집무실
장군님, 러시아 외교관이 미국인들을 풀어 주려고 한다고 교도관이 전화했습니다... 뭐라고 할까요?
풀어 주라고 해. 아마 미국 정부에 10억 달러의 차관을 요구했을 거야.
저녁 10:45, 에르주름
서둘러요, 세르비 박사님... 모두들 트럭에 타세요!
어떻게 된 건지 알 수 없지만... 하나님께서 우릴 풀어 주시려는 것일 거야!
국경까진 얼마나 되죠?
2km 정도 됩니다... 바람 좀 봐요. 시속 100km는 족히 될 것 같은 광풍이로군요!
전봇대를 보세요! 선이 끊어져 버렸어요!
부르르릉
하나님 감사합니다... 바람이 너무 세서 경비병이 나와 보지도 않는군요!
이제 살았습니다!
부르르르릉

그게 무슨 소린가? 그들이 도망쳤다고?
죄송합니다, 소르코프 대령님... 전화선이 먹통이 되어서...
@!!!☆☆!
그들은 탈출에 성공했다!
아버지, 저희에게 자유를 주셔서 감사합니다.
우리가 성경을 잃어버려서 절망하고 있었는데... 하나님께는 정말로 불가능한 것이 없군요.*
* 누가복음 1:37
여러분, 예수님께서 다시 오실 때까지 노아의 방주는 세상으로부터 숨겨져 있을지도 모릅니다.
그리 오래 걸리진 않겠지요.
적어도 나는 우리가 방주의 일부분을 보았다고 믿습니다... 이 사진을 보십시오.
누가 알 수 있겠습니까?... 상황이 바뀌어 어떤 탐사반이 방주를 찾도록 허락될지... 그렇게 되기를 바랍니다.
* 켈리 세그레브 박사의 〈노아의 방주를 찾아서〉 p.118 (Beta Books)
세르게이 씨, 우리와 함께 가지 않겠습니까?
아닙니다... 난 은밀히 러시아로 가서, 내가 주님을 믿었노라고 부모님께 말씀드리겠습니다.
그리고 내가 할 수 있는 한 많은 사람들에게 복음을 전하겠습니다.
하나님께서 보호해 주시길 바랍니다... 우리 모두 당신을 위해 기도하겠습니다.
끝